Sophia Abrahão
NUMA OUTRA

por Camila Fremder

paralela

Copyright © 2016 by Sophia Abrahão

A Editora Paralela é uma divisão da Editora Schwarcz S.A.

Grafia atualizada segundo o Acordo Ortográfico da Língua Portuguesa de 1990, que entrou em vigor no Brasil em 2009.

CAPA E PROJETO GRÁFICO Tereza Bettinardi
FOTO DE CAPA E ENSAIO Marlos Bakker
FOTOS DE MIOLO pp. 12-28, 34-56, 87, 90-4, 101, 128-47, 152, 155: acervo pessoal; p. 30 (acima): Shutterstock; p. 111: Ricardo Matsukawa/UOL/Folhapress
PREPARAÇÃO Lígia Azevedo
REVISÃO Luciana Baraldi e Renata Lopes Del Nero

Dados Internacionais de Catalogação na Publicação (CIP)
(Câmara Brasileira do Livro, SP, Brasil)

Abrahão, Sophia
  Numa outra / Sophia Abrahão. – 1ª ed. – São Paulo: Paralela, 2016.

ISBN: 978-85-8439-052-6

1. Abrahão, Sophia, 1991- 2. Artistas – Autobiografia
3. Artistas – Brasil 4. Cantoras – Brasil – Autobiografia
5. Histórias de vida 6. Memórias autobiográficas I. Título.

16-07676   CDD-791.45028092

Índice para catálogo sistemático:
1. Artistas: Memórias autobiográficas 791.45028092

[2016]
Todos os direitos desta edição reservados à
EDITORA SCHWARCZ S.A.
Rua Bandeira Paulista, 702, cj. 32
04532-002 – São Paulo – SP
Telefone: (11) 3707-3500
Fax: (11) 3707-3501
www.editoraparalela.com.br
atendimentoaoleitor@editoraparalela.com.br

Mãe,
*este livro é para
você, parceira fiel
das minhas loucuras
e dos meus sonhos.*

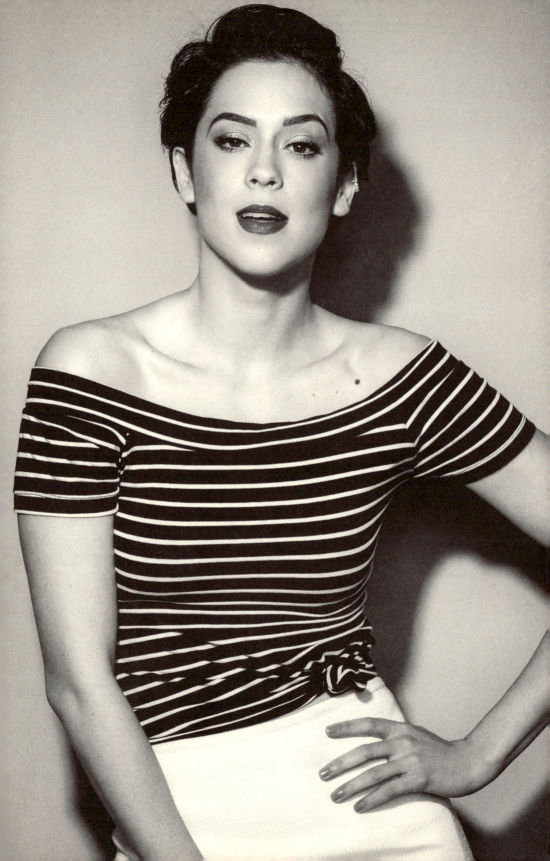

SUMÁRIO

NUMA OUTRA 15
O COMEÇO 19
DESTINO: CHINA 31
REALIDADES DE FILHA ÚNICA 43
COISAS DE MÃE E FILHA 47
ADOLESCÊNCIA, UMA FASE COMPLICADA 50
VIDA DE MODELO 59
A ESCOLHA É MINHA! 81
MALHAÇÃO 83
PAPO DE BASTIDOR 91
TEATRO E CINEMA 95
REBELDE 99
A MÚSICA NA MINHA VIDA 105
FEMME FATALE 115
PRIVACIDADE (OU FALTA DE) 120
#LOOKDODIA 129
REDES SOCIAIS 140
MANIA DE ASTROS 143
CARTA PARA OS FÃS 149

AGRADECIMENTOS 153

Sophia ♥ Abrahão
Sophia ♥ Abrahão
Sophia ♥ Abrahão
Sophia ♥ Abrahão
Sophia ♥ Abrahão

'NUMA OUTRA

No meu aniversário de catorze anos, fui jantar fora com meus pais. Na hora do parabéns, porém, fui tomada por uma angústia estranha e comecei a chorar na mesa. Não de emoção, longe disso. Era um choro de ansiedade. Meus pais não entenderam o que estava acontecendo e, quando fui tentar explicar, só piorei tudo. "Tô ficando velha, poxa. Catorze anos! Já sou modelo há um ano e ainda não aconteci!" Minha mãe não segurou o riso quando ouviu isso. Afinal, nada mais doido do que uma menina de catorze anos se achando velha e, pior, cobrando resultados de si mesma com apenas um ano de carreira. Mas sempre fui assim. Quero fazer tudo depressa, independente do que seja. Se resolvo cortar o cabelo, tem que ser naquele dia mesmo. Se penso em morar na China, quero embarcar na semana seguinte.

Não posso negar que no fim das contas as coisas acabaram acontecendo rápido para mim. Ao escrever este livro tive ainda mais certeza disso. A princípio, fiquei com medo. "Será que tenho uma história para contar?", pensei. Mas, olha só, descobri que tenho. Só com muita pressa mesmo para ter me acontecido tanta coisa em apenas 25 anos. Aliás, na primeira reunião sobre este livro, já perguntei a data de lançamento. Quando o editor me disse: "Ah, pode ser para o ano que vem...", comecei a rir, porque eu já estava repassando mentalmente minha agenda para o próximo mês. Sim, devo ter enlouquecido o pessoal da editora.

Relembrar minhas histórias foi como fazer uma viagem no tempo. Me ajudou a ver como mudei, como cresci sem nem perceber. Quando você passa tudo para o papel, exercitando a memória, acaba não se vendo mais como você, mas como uma personagem de uma história, pelo menos em alguns momentos. No processo de criação deste livro, vi a

menina que fui e reconheci a mulher que me tornei. Vi a história que construí e vislumbrei a continuação que pretendo dar para ela. Vi que agora estou numa outra.

Divido aqui com vocês as partes mais importantes e emocionantes da minha vida. Espero que gostem! A partir disso, é uma nova etapa.

O COMEÇO

Nasci no dia 22 de maio de 1991, em São Paulo, capital. Sou geminiana e adoro astrologia. Cresci entre a cidade de São Paulo, Jacareí e Santa Branca, no interior, onde tínhamos uma chácara. Vivíamos alternando entre esses cenários tão diferentes, mas eu me adaptei superbem a isso. Aliás, acho que posso dizer que sou uma pessoa adaptável. Geminianos têm disso, né? Tá bom, parei com os signos. Por enquanto...

Minha infância foi bem completa, com direito a natureza e animais, mas também com idas ao shopping, correria e trânsito de cidade grande. Sempre fui meio moleque, não ligava muito para bonecas, não gostava de usar vestido, não me inte-

ressava por maquiagem. Gostava mesmo era de brincar no meio do mato, sem frescura. Acho que fui uma criança um pouco precoce. Era responsável e gostava muito de conversar com os adultos.

Foi por conta dos estudos que meus pais resolveram que era melhor nos mudarmos de vez para São Paulo. Sou filha de um médico que sempre deu muito valor à carreira acadêmica, por isso fui estudar no Bandeirantes, um colégio bem puxado. Precisaria estudar muito, já que meu sonho naquela época era seguir os passos do meu pai e me tornar médica. Pois é, às vezes nem eu acredito o tanto que me desviei desse sonho. Não me enxergo mais nele.

Fui "descoberta", como se diz. Nas entrevistas sempre me perguntam: "Mas como você foi descoberta?". Acho estranho até hoje quando escuto isso. Eu estava andando com minha mãe na rua e um olheiro veio com aquele papo de fazer um book. Por que não? Fiz. Comecei com alguns trabalhos pequenos – publicidade, catálogos – e gostei. A ideia de ganhar meu próprio dinheiro me motivava. Não sei se é coisa de filha única, mas sempre sonhei com a liberdade financeira, em poder comprar as coisas que eu quisesse, em ter minha

própria casa. Não, não tem nada de errado com meus pais. Muito pelo contrário, a gente sempre se deu muito bem. Mas quando você é filha única eles tendem a se preocupar demais com você. E, além de querer mostrar que não tinham motivos para isso, essa vontade de conquistar minhas coisas e ter meu próprio espaço me deu um empurrãozinho para começar a trabalhar bem cedo.

Um dia minha mãe apareceu toda afobada com uns recortes de revista nas mãos. Era um editorial de moda fotografado por um cara bem famoso, o André Schiliró. Ela me disse: "Sophia, tenho certeza de que um dia você vai ser fotografada por ele!". Dei risada e pensei: *coisa de mãe*, mas ela fez questão de guardar os recortes, toda esperançosa. Não dei muita bola. É claro que o trabalho era incrível e que seria demais ser fotografada pelo André, mas eu estava apenas começando, e isso ainda demoraria alguns bons anos, se é que iria acontecer mesmo.

Mas um belo dia chego na agência de modelos e me mandam para uma sessão de fotos com uma modelo famosa na época. E adivinha quem era o fotógrafo? Ele mesmo, o André! Eu estava lá meio que acompanhando a outra profissional, para ganhar mais experiência, mas ele acabou tirando algumas fotos minhas para o pessoal da agência, umas quatro no máximo. Cheguei em casa e contei para minha mãe o que tinha acontecido. Ela ficou me olhando com aquela cara de "Eu não disse?". Coloquei as fotos do André no meu composite, comecei a pegar vários trabalhos e a coisa deslanchou a partir daí. Ele me deu sorte, com certeza.

Depois de alguns anos, já mais conhecida, fui fotografar com ele novamente e contei essa história. Não acreditei quando ele disse que se lembrava de mim. Ficamos amigos e sempre que posso escolher o fotógrafo o indico, dizendo que é meu padrinho.

Sempre gostei de trabalhar. Com uns quinze anos, fiquei sabendo pela minha prima que uma agência francesa que tinha sede no Sul mandava modelos para a China. Aquilo era um sonho para mim, uma maneira de finalmente me virar sozinha e ganhar meu dinheiro. Lá fui eu para Florianópolis com minha mãe! Me inscrevi e fiquei sonhando com aquela possibilidade de morar num país completamente diferente. Achei que a resposta fosse demorar, mas poucos dias depois recebemos uma correspondência em casa já com as passagens. Eu embarcaria em dez dias!

Achei que meus pais fossem surtar: filha única de quinze anos mudando para a China! Mas, para minha surpresa, eles ficaram muito felizes com a notícia e súper me apoiaram. A China foi uma loucura tão grande na minha vida que precisa de um capítulo separado só para ela!

DESTINO: CHINA

Eu tinha muitos sonhos e pouca experiência como modelo. Minha mãe me ajudou a arrumar as malas. Seriam no máximo cinco meses no total, por causa da escola. Fui no fim do ano para conseguir aproveitar as férias e repor as aulas que perdesse. Combinei com meus pais que jamais deixaria os estudos de lado. Então embarquei para a China. Na minha cabeça não tinha como dar errado. Eu embarcaria para Beijing, onde trocaria de aeronave para ir até meu destino final: Shenzen. Lá, trabalharia bastante e faria novas amigas. Mas não foi bem assim que aconteceu. Bom, tirando a parte do "trabalharia bastante".

Assim que pisei em Beijing acharam muito estranho uma brasileira de quinze anos sozinha. Da imigração, me levaram para uma sala e começaram a me fazer várias perguntas num inglês quase impossível de entender (o meu na época também não era lá grande coisa). Nessa hora tive o primeiro sinal de que talvez as coisas não fossem tão fáceis como eu havia imaginado. Não sei como, mas consegui explicar que uma agência tinha me mandado para trabalhar como modelo e que um adulto estaria me esperando no meu destino final.

O problema é que até conseguir explicar tudo isso perdi a conexão. Tive que dormir em Beijing, acompanhada por uma funcionária da companhia aérea, já que eu era menor de idade. No dia seguinte, consegui pegar o voo para Shenzen, onde encontrei o moço da agência, que me aguardava no portão de desembarque. Ele segurava uma plaquinha com meu nome e eu tive vontade de abraçá-lo de tanto alívio em finalmente conseguir ler algo. Só que o cara não era nem um pouco simpático e mal falava inglês. Não fazia questão de me entender e apenas sinalizava para que eu andasse logo, como se não aguentasse mais me esperar. Não foi nem de longe a recepção que eu antecipara, mas o importante era que eu tinha chegado.

Eu estava exausta. Não haviam sido horas de viagem, mas dias. Entrei em um ônibus com o cara e fizemos umas três baldeações até chegar ao endereço final. Entrei no apartamento e o que encontrei foi desesperador: estava completamente bagunçado e sujo. A cozinha era um amontoado de louça suja, o quarto era abarrotado de beliches e o chão estava coberto por malas, já que não havia armários. A sala tinha um sofá pequeno e umas caixas espalhadas, e o único banheiro era o pior cômodo de todo o apartamento.

Na hora que constatei que aquela seria minha casa pelos próximos cinco meses me deu um nó na garganta. Só pensava nos meus pais e no meu quarto lindo cheio de coisas importantes para mim. Tive muita vontade de chorar. Segurei. Por meio de mímica, o cara me explicou que as outras sete moradoras estavam todas em um teste, mas logo chegariam para me conhecer. Perguntei se podia ligar para meus pais só para dizer que estava tudo bem, mas ele disse que não, já era tarde demais para comprar um cartão telefônico e eu devia ligar no dia seguinte.

O nó na garganta cresceu, virando um choro inevitável que escondi fugindo pro banheiro. Enquanto chorava baixinho, reparava na quantidade de papel e cabelo no chão e me perguntava por que tudo aquilo não estava sendo como eu havia imaginado. Pior: será que eu aguentaria os cinco meses? Voltei para a sala e fingi que estava tudo bem, até que, na quinta ida ao banheiro para chorar, o cara me perguntou o que estava acontecendo. Eu menti, disse que estava só um pouco gripada. E então veio a bronca. Ele me disse algo como: "Você não pode ficar doente, a gente gastou muito dinheiro trazendo você para cá. Precisamos que trabalhe, ou vamos mandar você de volta". O choro veio ali mesmo na frente dele.

Logo depois a dona da agência chegou com as outras meninas. Ela me explicou que o apartamento estava mais bagunçado do que o normal porque as meninas tinham mudado fazia poucos dias. Ela me apresentou todas, que eram mais velhas e não tinham o menor interesse em me conhecer. Detalhe: nenhuma era brasileira. Para elas, além de ser uma pirralha, eu estaria disputando os mesmos trabalhos com elas. No meio das apresentações o celular da dona da agência tocou. Não disse para vocês que meus pais estavam sempre preocupados? Pois então: meu pai, todo hacker, achou em uns e-mails antigos o número da agência chinesa, onde havia o número do celular da dona. Conversar com os dois mesmo que por cinco minutos foi um presente incrível.

Na primeira noite tentei fazer amizade com a menina mais velha que dormia no único quarto com cama de casal. Disse que estava assustada e pedi para dormir com ela. Ela fez uma cara feia, mas acho que ficou com dó de mim e deixou. Como tinha chorado muito naquele dia, meu nariz estava entupido e eu não conseguia respirar direito, mas o cansaço era tanto que uma hora adormeci. No dia seguinte, a menina garantiu que tinha sido a primeira e última vez que me deixava dormir no quarto dela. Disse na frente de todo mundo que eu tinha chorado a noite toda, o que nem era verdade: eu só estava com o nariz tapado. Morri de vergonha.

Com o passar dos dias, entendi que ninguém estava ali para fazer amizade. Todas competíamos pelos mesmos trabalhos e ainda dividíamos quarto, cozinha e banheiro. Falando nisso, a hora mais temida do dia pra mim era o banho. O ralo estava sempre entupido e o chão estava sempre sujo. Por mais que eu me esforçasse para limpá-lo, em poucas horas ele ficava imundo novamente. Eram oito meninas para um banheiro e poucas tinham hábitos de limpeza parecidos com os meus. A solução surgiu logo na esquina: quando consegui juntar algum dinheiro, me matriculei na academia ali perto. Fiz esteira no máximo duas vezes, mas usava o banheiro todos os dias. Foi minha salvação!

O que posso dizer sobre minha experiência no mercado chinês é que lá eles são extremamente organizados, sérios e metódicos. As modelos são contratadas por hora, e assim que você começa uma sessão de fotos ou algo do tipo um cronômetro é acionado. Caso faça um intervalo para ir ao banheiro, beber água ou almoçar, por exemplo, o cronômetro é parado e acionado novamente assim que você volta ao trabalho. Dessa maneira, eles têm certeza de que se contrataram você por seis horas, por exemplo, terão seis horas de trabalho. Fiz catálogos com duas pessoas me ajudando a trocar de roupa só para render o máximo de fotos possível, otimizando o processo. Era tipo quando um carro de Fórmula 1 faz o pit stop e os mecânicos levam apenas alguns segundos para trocar as rodas e encher o tanque. Às vezes a pressa era tanta que eu acabava o trabalho com alguns arranhões ou machucados de tanto pôr e tirar roupas.

Uma vez me fizeram correr de um lado para o outro em cima de uma mureta bem estreita usando um salto alto gigante. Eu sabia que a qualquer momento ia cair lá de cima. Dito e feito: caí de cabeça no chão e ficou tudo preto. Quando voltei a enxergar, todos me olhavam. Um cara mantinha o cronômetro na mão, esperando para ver se eu voltaria a fotografar. Pedi uma água e ele parou o cronômetro. Bebi e me pediram para subir na mureta de novo. Vi que o meu tombo não tinha assustado ninguém. Voltei para a mureta morrendo de medo, mas terminei as fotos.

Foi na China que recebi a melhor dica para fotografar: você recorta poses de que gosta de modelos em editoriais de moda, depois as coloca na parede lado a lado. Aí é só ficar olhando e imitando essa sequência de poses até memorizar. Na hora de fazer um catálogo, onde o volume de fotos é muito grande, você faz essas poses quase que no automático. Uso essa técnica até hoje.

Muita gente reclamava do esquema de trabalho no país, mas como eu estava lá para isso, não tinha feito amigas e ia embora logo, acho que virei praticamente uma máquina. Consegui muitos trabalhos, porque na época eles procuravam meninas com minhas características, bem branquinhas e com baby face. Hoje acho estranho pensar que a beleza local não era valorizada. Espero que hoje isso já tenha mudado. Eu via chinesas maravilhosas por lá.

O Natal de 2006 foi o mais triste da minha vida. Fiz um Skype com minha família, vi meus pais, tios, primos e avós juntos e morri de saudades. Tentei fingir que estava bem, porque não queria deixar ninguém preocupado, mas tive muita vontade de chorar. Em Shenzen não se comemora o Natal, a cidade não fica enfeitada, nenhuma menina se manifestou sobre a data e eu acabei jantando sozinha, sem ganhar nenhum abraço ou presente. Foi um dos dias mais complicados da viagem pra mim.

Não morei com as mesmas meninas durante todo o período em que fiquei lá. Elas iam embora e outras entravam no lugar, mas essa coisa de não fazer amizade se mantinha. Até que um dia chegou uma garota toda estilo bad girl. Eu nunca tinha visto uma pessoa que carregava uma garrafinha de uísque na bolsa. Ela bebia no meio da sala, era mais velha e cheia de atitude. Achei que nossa aproximação seria impossível, mas fiquei tão fascinada por aquela figura que sempre tentava conversar com ela, mesmo a garota não me dando a menor bola. Eu tinha quinze anos, ela devia ter uns 22, mas minha insistência foi tanta que uma hora resolveu me "adotar" como mascote. Contrariando todas as minhas expectativas, acabamos ficando amigas.

Chegou então o Réveillon, que para minha infelicidade também era totalmente ignorado na cidade. Nada de festas, fogos ou contagem regressiva. Às nove horas, minha mais nova amiga olhou para mim e disse: "Vamos para Hong Kong!". Loucura total. Saímos correndo, pegamos um trem e chegamos bem na hora da virada. A garota era tão descolada que entramos em uma festa e em cinco minutos ela já tinha feito vários amigos. É claro que perdemos o último trem e tivemos que dormir lá. Achei que íamos tentar um hotel, mas ela, malandra, pediu para dormirmos na casa de um dos amigos que tinha feito. Assim que entramos na casa, ele nos ofereceu um sofá na sala. Nessa hora a emoção já tinha passado e eu estava morrendo de medo.

(Meus pais não sabem dessa história. Bom, não sabiam até agora, né? Desculpa, pai. Desculpa, mãe. Mas no final deu tudo certo, né? Olha eu aqui lançando um livro, vocês devem estar orgulhosos... 😜)

Ao lado do sofá havia uma mesinha em cima da qual ele deixou a carteira. Assim que o cara saiu peguei os documentos dele e escondi dentro da minha blusa. Sei lá de onde me veio essa ideia, mas caso ele fizesse alguma coisa errada comigo eu tinha um trunfo. Esse era o meu plano, por mais sem pé nem cabeça que fosse. No dia seguinte, quando acordei bem, devolvi os documentos e voltamos para casa. Foi um Réveillon no mínimo diferente.

Para não parar de estudar totalmente, eu fazia aulas de mandarim. É uma língua muito difícil, mas consegui aprender algumas palavras e isso me ajudava durante os castings. Muita gente não falava inglês na China e eu conseguia entender se queriam que eu sorrisse ou fizesse algo mais específico. A dona da agência começou a me "vender" como a menina que falava mandarim, mesmo eu só sabendo algumas poucas palavras, e um dia me chamaram para um comercial! Para falar a verdade, não tenho muita ideia do que falei na propaganda. Só sei que decorei as falas e deu certo! Meu sonho é achar algum registro desse vídeo. Imagina que engraçado me ver depois de tantos anos num comercial falando mandarim?

Um dia, duas brasileiras chegaram para morar no apartamento. A essa altura do campeonato eu já era mais experiente e fiquei meio responsável por elas. Era eu que marcava os testes e ensinava como chegar aos lugares. Por causa disso, acabei ficando mais amiga da dona da agência e virei uma espécie de secretária dela. A mulher me passava a agenda da semana e eu organizava minha rotina e a das brasileiras. Nunca mais encontrei as duas ou qualquer outra menina que morou comigo naquela época.

Posso dizer que a China foi uma espécie de treinamento pesado para a vida em geral. Aprendi muito, conheci uma cultura totalmente diferente e acabei me adaptando. Eu me desafiei e consegui me virar sozinha. Quem já modelou por lá acha o esquema de qualquer outro lugar bem o.k. De volta ao Brasil, todos falavam minha língua e tudo parecia muito fácil e confortável.

REALIDADES DE FILHA ÚNICA

Como boa filha única, sempre falei sozinha, às vezes sem nem perceber. Quando faço a mala, por exemplo, fico matraqueando. Listo em voz alta as roupas que não posso esquecer e os compromissos que tenho – uma loucura.

Todo filho único aprende a brincar sozinho, e é normal você conviver muito com adultos amigos de seus pais. Na verdade, qualquer pessoa que chega na sua casa é uma grande novidade. As amigas da minha mãe acabavam me contando tudo, até sobre o relacionamento delas. Acho que mesmo quando tinha nove anos eu já passava certa confiança. Minha mãe diz que às vezes me via de longe conversando com uma amiga dela e quando chegava perto percebia que a amiga estava desabafando algo sobre o marido!

Isso ainda acontece. Todo mundo desabafa comigo. Acho que eu poderia ter sido terapeuta. Até desconhecidos começam a me contar coisas. Estou sentada numa sala de espera, por exemplo, e quando vejo alguém que acabei de conhecer está me contando as histórias mais absurdas. E eu me envolvo na narrativa, tento dar conselhos. Minha família diz que sempre fui assim, sempre atraí todo tipo de gente com todo tipo de papo. Em poucos minutos, viro confidente. Algumas pessoas se sentem tão à vontade que até choram comigo.

Demorei muito para conseguir dormir sozinha e hoje vejo como deve ter sido chato para meus pais ter uma menina grande ainda se enfiando na cama deles. Tinha medo de ficar sozinha, de espíritos, do escuro. Para falar a verdade, até hoje não gosto de dormir sem ninguém em casa. Não sei como, mas sempre gostei de filmes de terror. Só que era assistir a um e depois ficar sem dormir por dias.

Outra coisa que filho único ama é dormir na casa dos amigos, principalmente se eles tiverem irmãos. Filho único adora vivenciar a rotina de uma família grande, aquela falação no jantar, a casa sempre meio bagunçada – nada pode ser mais legal.

Os animais de estimação são grandes parceiros dos filhos únicos e têm uma importância enorme na vida deles. Não consigo me imaginar sem minhas cadelas. Elas me acompanham por toda parte. Se sei que vou ficar mais de uma semana no Rio, elas vão junto comigo. Hoje encaro bem quando tenho que dormir sozinha se elas estiverem comigo.

A maioria dos filhos únicos que conheço quer ter mais de um filho. Eu quero pelo menos dois. Não que seja ruim ser filha única – tem muitos lados legais –, mas sinto falta de ter um irmão ou irmã com quem dividir certas coisas. Sei lá, falar algo do tipo "Nossa, a mamãe me enlouqueceu hoje!" ou "O papai também te ligou dez vezes de manhã?". Vejo minhas amigas que têm irmãos ou irmãs e acho muito legal a relação de parceria. Alguns são melhores amigos e fazem várias coisas juntos, acho isso lindo.

Por outro lado, vejo que essa coisa de ser filha única me deu um pique maior para correr atrás das minhas coisas e provar que conseguiria me virar. Por isso não voltei correndo para casa na primeira grande dificuldade que tive. Tem toda uma curiosidade de se ver fora da sua zona de conforto.

Mesmo mostrando bastante maturidade, meus pais ficaram em cima de mim durante a adolescência. Hoje reconheço que isso foi muito bom. Eles controlavam horários e cobravam notas. A escola vinha sempre antes do trabalho. No geral, fui bem certinha mesmo, do tipo que senta na primeira carteira e tira notas boas. Não dei muito trabalho para os meus pais na adolescência. Às vezes eles até diziam que eu estava trabalhando demais e que não podia dar conta de tudo, mas de alguma maneira eu dava. Devo ter deixado de viver muitas coisas típicas dessa fase da vida, mas foi por uma boa causa, não me arrependo.

COISAS DE MÃE E FILHA

Sempre fui muito ligada à minha mãe. Ela me dá bronca e tudo mais, mas ao mesmo tempo é muito minha amiga, a melhor de todas. Minha mãe é engraçada demais, tem um jeito tão jovem que às vezes me sinto careta perto dela! Acho que ela desperta meu lado maluco de falar umas bobeiras e rir de si mesma, sabe? Um lado que eu gosto quando aparece.

Tenho umas brincadeiras com ela que surgem do nada, são bobagens que viram uma coisa muito nossa. Minha mãe adora inventar palavras e apelidos, às vezes cria até um apelido do apelido. Uma época ela começou a me chamar de "software" e depois abreviou para "soft". Sério, que mãe chama a filha de software? Ela também me chama de Gigueto, que vem de Gigio, mas nem me lembro mais de onde esse surgiu. E, de uns tempos pra cá, inventou de me chamar de Ziziga, vai saber por quê...

Uma das palavras que minha mãe inventou é "geméla", e nem adianta procurar no Google porque "geméla" é uma palavra criada por nós e usada como se fosse qualquer palavra da língua portuguesa. Nem acredito que estou contando essa piração pra vocês, mas já que eu comecei, vou explicar melhor, ou tentar.

Uma vez, estávamos vendo TV e passou um clipe com dois gêmeos espalhando um óleo meio dourado na pele e adquirindo um tom lindo. Minha mãe começou a falar que a gente tinha que passar aquilo nas pernas, porque somos muito brancas e temos a pele seca. Ainda hoje, ela vive criando misturas de cremes com óleos para chegar na textura e no tom perfeitos da "geméla" – que deve ser uma mistura de gêmeos com meleca, já nem lembro mais. Se por acaso em algum momento da sua vida você escutar uma pessoa dizendo "já passou a geméla na perna?", provavelmente é minha mãe.

Uma outra palavra é "milongueiras", que vem de milongas, e ela usa quando aconteceu muita coisa no dia dela ou na festa que ela foi. "Soft, aconteceram umas milongueiras naquela festa..." É tanta criatividade que daqui uns anos ela vai ter a sua própria língua.

ADOLESCÊNCIA, UMA FASE COMPLICADA

Quando me mudei para São Paulo e entrei na escola nova, morria de medo de passar o recreio sozinha. Não sei se por ser filha única, ou por conviver só com adultos, mas essa coisa de pertencer a um grupo foi muito difícil para mim. Não conhecia ninguém! Tinha medo de ser aquela menina que fica andando sozinha pelo pátio.

Logo no primeiro dia de aula do sexto ano, entrei na sala morrendo de vergonha. Quando estava bem no meio da classe, um fichário me atingiu na cabeça e eu caí no chão. Eram dois amigos que estavam brincando de jogar o fichário um para o outro e, sem querer, me acertaram! A classe inteira ficou em silêncio, olhando para mim caída no chão. Era um pesadelo para quem queria tanto passar despercebida. A pancada foi tão forte que fui parar na enfermaria! Depois a diretora me chamou querendo que eu contasse quem tinha jogado o fichário, mas eu não queria falar, sabia que tinha sido sem querer. Imagina já chegar na escola nova dedurando alguém? Foi um primeiro dia de aula no mínimo diferente...

Mas no final deu tudo certo, e aos poucos fui começando umas amizades. Fiz um grupo de amigas nessa escola que dura até hoje. Somos seis. A Isa está comigo desde o sexto ano, mas a Xu, a Ana, a Rá e a Tam eram da outra classe. No ano seguinte caímos todas na mesma sala e ficamos muito próximas. Quando me mudei para o Rio para fazer *Malhação* a gente se afastou um pouco. Senti muito a falta delas e aprendi a valorizar essas presenças na minha vida. Elas me conhecem de verdade, tiveram contato com aquela Sophia que queria ser médica, que nem imaginava em cantar para uma plateia lotada. É muito legal mantê-las por perto. As cinco são uma conexão com meu passado, me lembram de onde eu vim. Mesmo com a rotina corrida de todas, tentamos nos ver pelo menos de quinze em quinze dias.

Sempre que nos reunimos lembramos com saudade dessa época de escola, e uma coisa de que a gente dá muita risada é a quantidade de tombos que eu levava! Como comecei a trabalhar cedo, quase todos os dias saía da escola e ia direto para a agência ou para algum teste. Por isso, vivia carregada de mochilas. Parecia uma sacoleira mirim. Fora os livros, os cadernos e o estojo, eu levava uma nécessaire (já que passava o dia fora de casa), outra roupa para o casting e às vezes mais de um par de sapatos, caso o cliente pedisse para me ver andando de salto alto. Como sempre fui a mais desastrada de todas, vivia caindo na escada por causa das várias mochilas e, óbvio, morria de vergonha. Minhas amigas choram de rir até hoje quando se lembram disso.

Outra coisa besta que me incomodava na adolescência era que eu era magra demais e não tinha bumbum ou peito. Os meninos sempre tiravam o maior sarro de mim por isso, e não fui o tipo de ado-

cada **PESSOA** tem um **RITMO** de desenvolvimento

lescente que fazia sucesso com eles. Tive os apelidos que qualquer menina magra já teve, tipo varapau, cabide, caveira... Cheguei a usar uma calça jeans por cima da outra pra tentar disfarçar a finura da perna, e resolvia a falta de peito enchendo o sutiã com papel higiênico! Depois acabei entendendo que cada pessoa tem um ritmo de desenvolvimento, e mais: cada pessoa tem um tipo de corpo e um tipo de beleza.

Eu tinha treze anos quando dei meu primeiro beijo. Foi no intervalo da aula, mas não contei para o menino que eu ainda era bv. Eu morria de vergonha disso, porque todas as minhas amigas já tinham beijado. Para variar, tive um ataque de riso (isso acontece sempre que fico nervosa). O menino chegava para me beijar e eu dava risada. O coitado não entendia nada! Minha estratégia foi dizer: "Nossa, isso nunca aconteceu comigo antes, por que será que está acontecendo bem com você? Não é estranho?". Como se tivesse algo de errado com o menino, e não comigo! Bom, uma hora ele acabou me beijando e eu achei aquilo horrível! É isso que todo mundo gosta? Não quero nunca mais beijar *ninguém*, pensei.

Não sei como, mas depois de tudo isso o menino continuou apaixonado por mim e eu por ele, ainda que não quisesse mesmo repetir o beijo. Na minha cabeça era um milagre um menino finalmente estar apaixonado por mim. Acabei então convencendo o garoto de que a gente não precisava beijar para namorar, era só ficar de mãos dadas. Ele, muito fofo, topou. Mais pra frente a gente acabou se beijando de novo e aí eu achei legal. Ele virou meu namoradinho da escola, ficamos juntos por quase um ano.

cada
PESSOA
tem um
tipo de
CORPO
e um
tipo de
BELEZA

VIDA DE MODELO

Nunca fui uma menina muito vaidosa. Acho que fiquei um pouco mais quando me tornei modelo, mas mesmo assim não sou o tipo de menina que fica arrumada o dia inteiro. Bom, olhando para minha roupa agora fiquei até com vergonha 😣. Acordo e não tenho a menor preocupação de arrumar o cabelo, mesmo ele estando bem curtinho. Não sei se você sabe, mas quem tem cabelo curtinho acorda com ele totalmente para cima, parecendo uma doida. Eu nem ligo.

Melhorei muito quando, na época da agência, me indicaram um curso para modelos. Foi lá que aprendi várias coisas, como me maquiar, fazer alguns penteados, posar para fotos, andar de salto alto e até como me comportar em um casting. Foi superválido, porque com treze anos tudo é muito novo e você se sente bem mais segura com esse tipo de suporte. Sempre menciono isso nas entrevistas que dou porque as meninas começam muito cedo nessa carreira e a maioria nunca ouviu falar de um curso direcionado, então acho que posso ajudá-las. Sei que, pra mim, foi muito útil.

 Lá aprendi inclusive a andar de salto alto. O engraçado era que essa aula era dada por dois professores homens, o Namie Wihby e o Júnior. Os melhores professores que alguém pode ter. Quando eles entravam na sala de aula desfilando com um escarpim de salto fino, parecia tão fácil! Foi lá também que aprendi noções de maquiagem. Hoje consigo dar um truque quando preciso me arrumar sozinha, mas já fui um verdadeiro desastre no assunto.

 Uma vez comprei um blush terracota muito diferente do tom da minha pele. Ele tinha até um brilho meio dourado, e achei legal porque estávamos em pleno verão e todas as modelos pareciam bronzeadas nas revistas. Eu, a pessoa mais branca do planeta, achei uma boa ideia passar o blush no rosto

todo, só para dar aquela corzinha. Quando cheguei na agência me achando a bronzeada, virei a piada do dia! É claro que não ficou natural e eu parecia uma louca com o rosto todo manchado e ainda brilhando! Nesse dia aprendi que algumas modelos são bronzeadas e outras não.

A carreira como modelo acabou despertando em mim uma verdadeira obsessão em mudar o cabelo. Você fica tão diferente de uma foto para a outra que isso vira um vício. O complicado em fazer uma alteração radical é que nem sempre seu guarda-roupa acompanha essa mudança. Principalmente quando você mexe na cor. Já cansei de comprar roupas e ter que aposentar depois porque mudei a cor do cabelo. Não é tudo que fica bom em você ruiva que fica bom em você loira platinada ou você morena, ou com cabelo curtinho, franja, ou com a lateral raspada, ou chanel... Sim, eu já mudei muito mesmo.

Uma vez tive a ideia de raspar a lateral do cabelo pouco antes de uma sessão de fotos. Como esse trabalho já estava combinado fazia um tempo, não fiz nada, mas aquilo não me saía da cabeça. Assim que o trabalho acabou entrei no primeiro salão que vi e raspei. Adoro fazer esse tipo de coisa. Para minha sorte, amei o resultado e não foi tão complicado como pensava deixar crescer de novo. Achei que esse corte seria o mais polêmico, mas quando apareci com esse cabelo curtinho que estou agora a repercussão foi muito maior.

Nunca me arrependi de uma mudança radical. É claro que quando você fica platinada, por exemplo, o cuidado tem que ser bem maior, mas curto muito descobrir estilos. Já fui até adepta dos apliques. Aliás, mega hair e a famosa tic tac com cabelos são a coisa mais normal no meu meio de trabalho. Quase todo mundo que você vê em novela e principalmente em foto usa algum tipo de aplique. Então não fique triste se seu coque rosquinha é pequeno ou se sua trança sai fininha. Nem todo mundo é tão cabeludo como você pensa! Fica a dica! 😊

A ESCOLHA É MINHA!

Fiquei realmente assustada com a reação das pessoas na internet quando apareci de cabelo curtinho. Surgiram ataques e agressões verbais nos comentários de todas as minhas redes sociais. Uns diziam que eu estava feia, outros diziam que eu havia perdido minha feminilidade, outros ainda questionavam até minha sexualidade, como se um corte de cabelo definisse alguém e como se isso dissesse respeito a qualquer pessoa além de mim.

Eu tinha acabado de ler uma matéria muito triste sobre um acidente com mortes em uma ciclovia no

Rio de Janeiro. Quando vi que estava recebendo comentários maldosos por causa de um simples corte de cabelo, isso me fez pensar. Resolvi me pronunciar em uma das redes sociais relatando meu espanto e reforçando a ideia de liberdade: cada um é dono da própria vida e faz dela o que quiser.

Isso me tocou demais. "Sério que as pessoas estão morrendo e vocês estão preocupados com o meu cabelo?" Fiquei pensando nas pessoas que sofrem com esse tipo de intolerância diariamente, seja pela cor da pele, pela opção sexual, pelo gênero ou simplesmente por serem quem são. Ainda temos muito o que mudar no mundo e ainda tenho muito o que mudar em mim, mas gostaria de deixar essa reflexão aqui. Não é porque nunca aconteceu com você que esse tipo de coisa não acontece. O mundo precisa de mais amor e menos julgamento.♥

MALHAÇÃO

Quando eu estava com dezesseis anos, fui chamada para fazer *Malhação*. Fiz o teste achando que não ia dar em nada e já estava preparada para voltar para a China quando terminasse o ano letivo, então levei o maior susto! Lógico que me mudar para o Rio de Janeiro era muito mais simples, mas novela era uma coisa nova e igualmente distante para mim.

Eu estava na terceira aula de um curso de preparação de atores em uma escola especializada em tv, ou seja, continuava totalmente crua. Não sabia como era a rotina de gravação, não entendia nada de posicionamento de câmera e tive que me virar e aprender observando os atores mais experientes.

No primeiro dia de gravação fiquei muito perdida. Tem muita gente envolvida para a novela dar certo, e eu não fazia ideia do tamanho da coisa toda. Hoje sei que iniciar minha carreira de atriz fazendo *Malhação* foi muita sorte. Funcionou como um intensivão na área: gravávamos seis dias por semana, no mínimo oito horas por dia, mas havia uma paciência maior durante as gravações, já que a grande maioria dos atores era iniciante.

Minha personagem se chamava Felipa e não tinha muitas falas, o que me frustrava um pouco. Lembro que cheguei a ficar dez capítulos sem aparecer, e claro que minha ansiedade falou mais alto. Afinal, eu queria ser reconhecida logo, queria mostrar meu trabalho. Cheguei a cogitar desistir do papel por causa disso. Eu pensava que se não estavam me usando na novela era porque não estavam gostando da minha atuação. Achava que era melhor desistir logo. Por sorte, logo voltei à rotina normal de filmagens. Acho que teria estragado tudo se tivesse mesmo desistido.

Posso dizer que foi uma das épocas mais legais da minha vida e a melhor experiência com elenco que já tive. Como muitos dos atores não eram de

São Paulo e mesmo os que eram do Rio de Janeiro moravam muito longe de Curicica, onde tudo era gravado, a emissora alugava vários apartamentos em um flat e a gente morava praticamente junto. Muitos dividiam quartos. Como eu era menor de idade, tinha um só para mim, mas as visitas eram constantes e nos tornamos uma grande família, quase uma comunidade hippie, com direito a festas, jantares e, claro, brigas. Porque toda família tem disso, né?

Era muito complicado administrar a euforia adolescente e dar conta de um trabalho tão puxado. Quase todo o elenco era jovem, todo mundo queria sair, ir a festas e voltar de madrugada, mas sabíamos que no dia seguinte teríamos um dia inteiro de trabalho. A minha sorte foi que a experiência na China me preparou para isso, e os meus pais, mesmo de longe, eram rigorosos quanto a horários. Foi um período bem importante na minha carreira, de muito aprendizado e novas amizades.

Sempre fico chateada quando vejo alguém diminuir atores de *Malhação*. Só quem viveu a rotina sabe o quanto é preciso se dedicar e quão cansativo é. *Malhação* é a melhor escola para atores que conheço, e fui muito feliz nessa época.

O MUNDO precisa de mais AMOR e menos JULGAMENTO

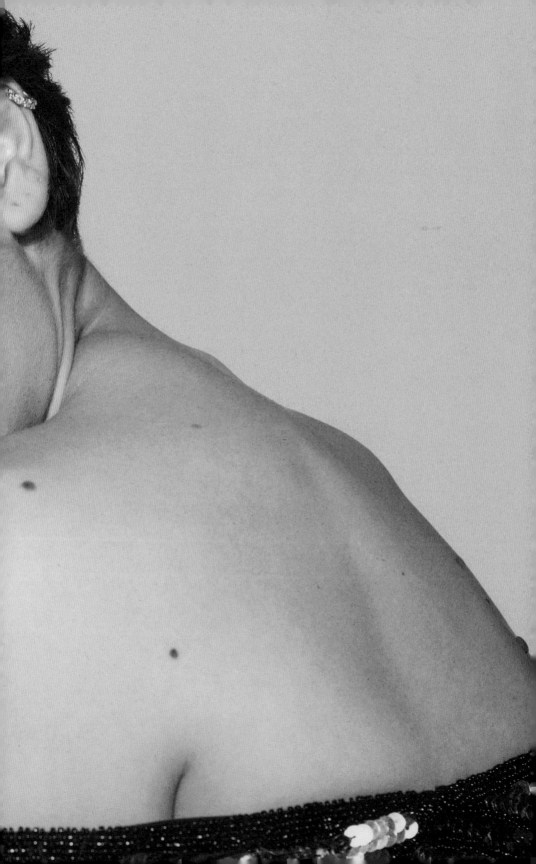

PAPO DE BASTIDOR

Quando você trabalha na TV, precisa ter em mente que um dia você pode estar em alta e no outro, não. Talvez hoje você seja a protagonista da novela, mas na próxima não passe de coadjuvante. Isso é normal. É como a vida: há altos e baixos, e você tem que estar preparado para os baixos. Com isso claro, as coisas ficam um pouco mais fáceis. Mas só um pouco. Para aliviar a ansiedade, explorei outras áreas de trabalho, como a moda e a música. Me ajudava muito pensar que tenho mais de uma opção de trabalho.

Quando comecei na TV, percebi que as pessoas famosas que passaram a trabalhar comigo não foram muito simpáticas, talvez porque eu fosse uma modelo new face. Eu me sentia praticamente invisível. Descobri na TV um ambiente bem complicado para fazer ou manter amizades. Quebrei muito a cara até perceber existe uma competição enorme e, principalmente, uma briga de egos bem cansativa.

Tirando a experiência em *Malhação*, em que tudo foi muito lindo e alegre, percebi que a carreira de atriz me trouxe um outro tipo de escola. Diferente da China, que me deu um treinamento quase militar, fazendo novela me especializei em uma espécie de política de boa vizinhança. Às vezes acho que me fechei demais para as pessoas no geral. Tenho meu grupinho de amigas de infância/escola e dificilmente entram novas pessoas na minha vida. A gente se blinda depois de se decepcionar. Você acha que alguém é seu amigo, depois descobre que essa pessoa falava mal de você ou te trata de forma diferente em outro trabalho. Acontece mesmo.

A sorte é que tudo aconteceu de maneira muito gradual para mim. Por mais que tudo sempre tenha fluído bem, com trabalhos constantes, não tive uma ascensão meteórica, virando da noite para o dia a pessoa mais comentada do país. Tudo o que conquistei foi com muito trabalho, tijolinho por tijolinho, por isso acho que nunca me deslumbrei. Se tivesse estourado em *Malhação* aos dezesseis anos, não sei se não teria pirado um pouco, mas tive a chance de testar e experimentar, o que foi muito bom.

Hoje sei que quando me escolhem para um papel foi porque pensaram em mim, me viram ali de alguma forma. Isso a gente só conquista com o tempo mesmo.

TEATRO E CINEMA

Por coincidência, interpretei a mesma história no cinema e no teatro, que foi *Confissões de adolescente*. Eu não era adolescente na época em que a série passou, mas trabalhando no projeto vi como ela marcou a vida das pessoas. A peça começou logo depois de *Malhação*. Fiquei praticamente um ano em turnê e viajei o país inteiro. Era uma equipe pequena e uma estrutura bem enxuta, diferente do esquema da TV, então nós mesmos divulgávamos a peça nas cidades que visitávamos. Como o nosso público eram os adolescentes, íamos na porta de escolas ou às vezes entrávamos na sala de aula para convidar o pessoal. Era um pouco intimidante, já que na maioria das vezes aquele monte de adolescente acabava tirando um sarro da nossa cara, mas tudo numa boa, coisa de molecada mesmo. Foi um período muito legal.

A gente estreou a peça no Rio de Janeiro em uma sessão só para convidados. Eu estava muito nervosa, então fiquei ligando para todos os meus amigos para que fossem. Estava em um apartamento que tinha uma porta de vidro, daquelas de correr, sabe? No telefone, supernervosa, meio na função, eu que sempre fui superdesastrada passei a porta por cima do meu dedo. Minha unha descolou e ficou pendurada! Doeu muito, e comecei a gargalhar, meio que de nervoso, meio que de dor! Nisso minha mãe chegou na sala e não entendeu nada, porque eu ria e chorava ao mesmo tempo! Minha mãe me chacoalhou para eu parar. Tive que estrear de tênis, e é claro que no meio da peça pisaram no meu pé, dá pra acreditar? Disfarcei e continuei com o texto normalmente, mas estava vendo estrelas de tanta dor!

Outra vez fiquei com sede no meio da peça, e no intervalo entre uma cena e outra tive a brilhante ideia de sair correndo e tomar um gole de água segundos antes de entrar. Assim que entrei no palco engasguei!

Minha voz não saía, foi horrível. O jeito foi tossir, pedir desculpa e continuar a cena normalmente.

Essa coisa de improvisar no palco é muito diferente de TV. Não existe fazer de novo. Aliás, você tem que saber lidar com o erro, disfarçando ou tirando sarro da situação, mas assim você adquire uma malandragem bem útil. Você aprende a se virar.

O filme aconteceu depois de *Rebelde*, e foi minha primeira experiência no cinema. O diretor, Daniel Filho, tem um estilo único e dificilmente repete as cenas. Ele gosta de trabalhar o lado espontâneo dos atores. Como as protagonistas eram todas jovens, de dezenove, vinte anos, era preciso passar esse frescor. Não podia ser um texto mastigado, decorado. O Daniel Filho entregava o roteiro no dia da gravação, aí você lia, entendia e fazia do seu jeito, o mais natural possível. Foi muito enriquecedor trabalhar com ele, e vi que sou capaz de pegar uma cena na hora e interpretar, mesmo tendo lido no máximo três vezes.

No filme, fiz uma cena em que aparecia com os seios de fora. Não era o foco, mas eu tinha que levantar só de calcinha e andar uns dez metros até onde estava a camiseta. A câmera não ia mostrar de perto nem nada. Só que eu não sabia que teria que fazer isso, meio que descobri no meio da gravação. Tentei parecer tranquila porque sabia que o Daniel era um superdiretor, e não queria dizer para ele que aquilo me deixava sem graça. E a cena era pertinente. Se eu visse que era desnecessária, talvez fosse mais complicado. Foi a primeira vez, e até agora a única, que eu tive que ficar quase pelada no meio de um set.

    O Daniel pediu para todos saírem na hora de gravar, para eu ficar mais tranquila, mas mesmo assim foi muito difícil. Quando terminei a cena vi que um dos meninos do filme ficou escondido num canto, só para me ver sem blusa! Morri de vergonha na hora, mas hoje dou muita risada disso. Ele era mais novo, e acho que ficou curioso. A cena acabou ficando linda, supernatural e nada vulgar. Foi incrível fazer um longa, e eu ainda tive a oportunidade de cantar "Sina" e "Leãozinho", que faziam parte da trilha do filme. Foi demais.

REBELDE

Ah, que saudade de *Rebelde*! Fazer parte desse programa foi a grande virada da minha carreira. Foi quando começaram a seguir mesmo meu trabalho, apareceram os fã-clubes e tive meu primeiro contato profissional com a música. Assim que fiquei sabendo do teste, quis participar. Foi um processo longo, de mais ou menos três meses. Fiquei muito ansiosa na época e até descontei na comida. Não eram só testes de atuação, a gente precisava cantar e dançar, e eu nunca tinha feito nada parecido antes. Só sei que coloquei na cabeça que seria muito importante para mim fazer parte do projeto – e não podia estar mais certa, porque realmente foi. Quando recebi a notí-

cia de que tinha sido aprovada nem acreditei, foi um dos dias mais felizes da minha vida!

A rotina era muito maluca: gravávamos a novela de segunda a quinta e saíamos direto da emissora para o aeroporto para fazer shows sexta, sábado e domingo em cidades diferentes. Voltávamos na segunda e íamos direto para a emissora para gravar. Hoje olho pra trás e acho que não teria forças para encarar toda essa correria de novo. Dormir em aviões, ônibus ou carros era normal. Lembro que vivia cheia de mochilas e casacos fofinhos que usava como travesseiro durante as viagens. Eu ficava tão cansada que levava uma canga para estender no chão do aeroporto e dormir quando o voo atrasava.

Um dia, numa espécie de protesto por estarmos sempre longe de casa e tão esgotados, combinamos de ir todos de pijama para o aeroporto, assim também conseguiríamos ficar uma hora a mais "na cama". Foi engraçado demais ver toda a banda, seis pessoas no total, de pantufa no meio do aeroporto. Todo mundo olhava, tipo, "Quem são esses malucos?". Confesso que foi a viagem mais confortável da minha vida. Preciso fazer isso de novo. Se você nunca fez, eu recomendo!

Sempre me perguntam como era a convivência com os integrantes da banda, se éramos amigos e tal. A verdade é que fomos nos tornando mais próximos aos poucos. Não que fôssemos amigos que resolveram se juntar para cantar, como acontece com uma banda de escola. A gente passou em um teste e nos tornamos membros da mesma banda, o que é totalmente diferente. A verdade é que, com aquela rotina maluca, não havia muito tempo nem para intrigas nem para amizades profundas. No geral, todo mundo se dava bem, e o que mais me marcou é que todos eram muito comprometidos com o projeto, por isso deu tão certo. Gostávamos muito de música e de trabalhar.

As pessoas sempre me perguntam se a gente ainda se fala ou se encontra, e sim, alguns eu acabo encontrando em trabalhos, com outros falo por telefone. Mas cada um está tocando seus próprios projetos, então acaba sendo difícil reunir todo mundo. É claro que tenho um carinho especial por esse elenco. Além do projeto ter dado muito certo, foram anos de convivência e companheirismo.

Quando *Rebelde* acabou, a coisa de que eu mais sentia falta era estar em cima de um palco tendo aquela troca de energia maravilhosa com os fãs. Mas foi nesse período, quando fiquei sem fazer shows, que pude me preparar melhor para me lançar em carreira solo. Mesmo sendo muito novinha em *Rebelde*, não posso negar que a maratona de shows me preparou fisicamente, afinou meu ouvido e me deu uma boa noção de presença de palco.

A MÚSICA NA MINHA VIDA

Sempre gostei de música e, principalmente, de cantar. Faço tudo ouvindo música: cozinho, arrumo a casa, me maquio e, sobretudo, pratico esporte. É impossível correr na esteira de outro jeito. Antes de trabalhar com música, eu costumava cantar em rodas de amigos ou até mesmo sozinha em casa. Nunca pensei que isso poderia virar uma profissão.

Comecei a compor logo depois que saí de *Rebelde*. Eu não era o tipo de menina que tinha diário ou mandava carta para amigas, mas, como eu visualizava meus sentimentos em palavras, passou a fazer muito sentido para mim escrever canções. Começo com palavras soltas e quando vejo elas se encadeiam e viram uma letra. Na maioria das vezes, conto algo por que passei ou que senti em algum momento da vida.

Lancei dois singles on-line que deram supercerto, porque meu público é muito da internet. Tinham clipe e tudo. Foi tão legal que senti vontade de fazer uma coisa um pouco mais elaborada, então logo depois lancei um EP com cinco faixas, também on-line. Só então veio o CD. É muito bom ter um material físico, e não só on-line. Achei demais ver pessoas pedindo para eu autografá-lo. Foi um período longo de trabalho, porque gravei em São Paulo em meio à gravação da novela *Alto Astral*. Tinha que ir para o Rio toda hora, então o CD foi feito em etapas.

Fazer shows é completamente diferente de qualquer outra coisa. Você tem a resposta imediata do público, contato direto com eles. É uma troca muito prazerosa e viciante! Agora entendo os artistas que dizem que amam o palco (e isso serve para o teatro também). É demais estar lá em cima e ver um monte de gente cantando a música que você fez. É de arrepiar, e eu arrepiei agora só de escrever essa frase!

Sempre fico muito ansiosa antes de subir no palco, é muita emoção, mas lá, cantando, me sinto em casa.

Adorei quando comecei a fazer shows sozinha, principalmente porque pude escolher meu repertório. Quando você faz parte de um projeto que envolve outras pessoas, não tem muita autonomia. Às vezes acontece de ter que cantar uma música que talvez não escolhesse, ou porque prefere outras ou por causa do tom. Fazer as coisas do jeito que eu queria, pensadas para mim, foi um sonho!

Conciliar a carreira de atriz com a de cantora é bem complicado, porque, quando se lança um disco, além da agenda de shows, tem toda uma programação de divulgação. Ao mesmo tempo, você passa meses gravando uma novela, focado naquilo. Gosto de fazer os dois, mas fico quase louca me alternando nas duas coisas. Quando estou gravando novela e dou uma parada nos shows, sou muito cobrada pelos fãs, e entendo. A novela é uma coisa à qual só vão ter acesso meses depois que você gravou. No show a gente se "encontra", é uma coisa de que conseguem participar.

"Sou fatal", que o Nando Reis compôs para mim, foi uma grande conquista pessoal. Foi minha primeira música nas rádios, e eu, que sempre fui muito fã do Nando, surtei! Quando a música vai parar na rádio, um novo público tem acesso a ela, e o feedback que recebi foi bem positivo. Amigos ligaram contando que estavam curtindo a música na rádio e se assustaram quando o locutor falou meu nome, porque não faziam ideia de que era eu.

Brinco com o Nando que ele escreveu essa música para a pessoa menos fatal de todas. Foi um superdesafio de interpretação, porque o clipe tem uma pegada mais sensual. Acho que me ajudou a descobrir esse lado em mim, e foi bem na época em que mudei o visual: estava loira de cabelo curtinho. Foi uma fase de amadurecimento mesmo, como cantora e como mulher, e a letra fala sobre isso.

Meus pais eram bem musicais, então desde muito nova escutei artistas que viraram minhas grandes inspirações musicais. Sempre tinha uma música de fundo, nos almoços, em casa, nos fins de semana...

Aqui vai uma lista dos CDS e das músicas que cresci ouvindo:

Acústico MTV, Rita Lee
Acho o melhor CD dela, ouvia no repeat. Mais pra frente fui pesquisar sua fase Mutantes e fiquei mais apaixonada ainda.

Quanta, Gilberto Gil
Sem comentários, né?

Bicho, Caetano Veloso
Esse CD é muito a minha infância.

Jamiroquai
Meus pais ouviam muito todos os CDs. Fiquei tão fã que já fui a três shows deles.

Simply Red
As mais clássicas ainda são minhas preferidas, tipo "Stars" e "Holding Back The Years".

U2
Não me lembro de um CD específico, mas meus pais tiveram uma fase em que era U2 de manhã até de noite, não tinha como não virar fã.

Meu pai gosta mais de rock e sempre ouviu um som mais progressivo, tipo Pink Floyd, Gentle Giant e Jethro Tull, além de Rolling Stones, um tipo de som que na época eu não tinha muita maturidade para entender. Beatles era uma coisa talvez melosa demais para entrar em casa, um tipo de som que meus pais não ouviam. Demorei muito para descobrir! Durante minha temporada na China, resolvi fazer uma pesquisa de bandas e cantores mais famosos por década, desde os anos 1960 até hoje. Parecia que o mundo tinha mudado. *Como ninguém me mostrou isso antes?*, eu me perguntava. Além deles, descobri outras coisas maravilhosas, como os artistas da Motown e vários movimentos musicais tipo disco e tropicália, de que eu nunca tinha ouvido falar! Descobri também o blues e o jazz. Foi demais.

Adoro conhecer novos artistas e, mais do que só escutar as músicas, ver seus shows. Estou numa fase bem Bruno Mars. Fui assistir a uma apresentação dele em Las Vegas e foi uma das melhores da minha vida! Fiquei chocada com como o cara é impecável, um artista completo, que dança e canta muito. Também sou megafã da Lady Gaga. Além

das músicas e das performances, acho os looks dela de pirar. Bom, tenho uma cachorra chamada Lady Gaga e outra chamada Tina Turner, outra figura maravilhosa desse mundo da música. Vejo os shows da Tina e só consigo pensar: *Que energia é essa?* Acho que nem nascendo de novo eu teria o pique que ela tem. Outro que eu gosto é o Justin Bieber. Acho que as pessoas têm essa mania de pegar no pé de artistas que começaram novos, mas ele já provou ser um grande cantor.

Sempre falo que eu amaria ter nascido na era disco. Adoro Donna Summer, Gloria Gaynor e aquela coisa de dançar fazendo passinhos, com roupas coloridas e cheias de brilho. As décadas de 1960 e 1970 são as minhas preferidas, visual e musicalmente.

Ah, e como só consigo malhar ouvindo música, compartilho com vocês minha playlist bem eclética da academia:

1. "Sucker For Pain", Lil Wayne, Wiz Khalifa, Imagine Dragons, Logic, Ty Dolla Sign, X Ambassadors.
2. "Panda", Desiigner
3. "Formation", Beyoncé
4. "Don't Let me Down", The Chainsmokers, Daya
5. "Stressed Out", Twenty One Pilots
6. "No", Meghan Trainor
7. "This Is What You Came For", Calvin Harris, Rihanna
8. "Cheap Thrills", Sia
9. "One, Two Step", Ciara, Missy Elliot
10. "Numb/Encore", Jay Z, Linkin Park

Agora ninguém tem desculpa pra não praticar um esporte!

FEMME FATALE

Sempre me perguntam o que é mais complicado na hora de atuar. Se é difícil chorar, fazer uma cena de beijo, ou qualquer outra coisa do tipo. Para mim é muito difícil acessar esse lugar mais sensual como atriz. Me dá até vergonha falar isso, embora eu não seja mais uma menininha. Aliás, acho que já passei da idade para ter esse tipo de bloqueio. De qualquer maneira, um personagem que me pedisse um lado mais sensual com certeza seria um grande desafio na minha carreira.

Nas fotos que fiz para este livro, acho que consegui mostrar um pouco desse meu outro lado, ou pelo menos testá-lo. A pegada é mais moderna, mostrando um pouco de pele e exibindo roupas que não costumo usar. Aos poucos a gente vai se libertando desses medos. Não sei se foi por eu ter começado muito nova, mas fiquei com uma imagem de menininha muito marcada, e a transição para mulher acabou se tornando mais complicada. Mas estou me sentindo cada vez mais adulta, e isso é muito bom.

estou me sentindo cada vez **MAIS ADULTA,** e isso é **MUITO BOM**

PRIVACIDADE (OU FALTA DE)

Morro de vergonha toda vez que me fotografam no meio da rua. É óbvio que um monte de gente não sabe quem eu sou ou não me reconhece, mas basta um paparazzo munido de uma câmera com aquela lente enorme apontada para que qualquer pessoa na rua queira saber quem você é. Eu passo e ouço as pessoas cochichando uma para as outras: "Você sabe quem é?", "Não é aquela que fez *Malhação*?", "Não, acho que ela canta". Outra coisa estranha é que nunca sei se dou "oi" para os paparazzi ou não. Acho esquisito cumprimentar ou fazer um "joia", acho que vai ficar parecendo que combinei de ser "flagrada" e estou agradecendo. Ao mesmo tempo, fico sem jeito de ignorar. Poxa, a pessoa está fazendo o trabalho dela, né? E como é que vou fingir que não vi alguém segurando uma câmera enorme? Não sei lidar com isso.

Entendo que ser reconhecida ou virar notícia faz parte do meu trabalho, mas em algumas situações é meio complicado, principalmente quando você começa um relacionamento. A maioria das pessoas com quem me envolvi vieram do trabalho, e acho que isso é bem normal, né? Tipo em *Grey's Anatomy*, por exemplo, onde os médicos acabam conhecendo outros médicos ou enfermeiros e viram casais. No meu caso, conheci outros atores/cantores e acabei me relacionando com eles. A única diferença, nesse caso, é que são duas pessoas conhecidas.

A parte complicada é quando vocês ainda não decidiram se são um casal, muitas vezes porque ainda nem deu tempo de se conhecer direito pra saber se vai virar algo mais sério ou não, e já começam a cobrar um status da relação. Você saiu duas vezes com a pessoa e já querem que você diga se é namoro. Se a relação termina é pior ainda, porque você precisa dizer o motivo, e às vezes só não rolou, sabe? Logo começam a surgir as especulações mais malucas, que poderiam virar enredo da próxima novela das nove.

Hoje lido melhor com esse tipo de coisa, mas no começo me sentia mais incomodada. Ficava brava com as matérias que inventavam coisas a meu respeito, e alguns desses boatos chegaram a prejudicar meus relacionamentos. Nas entrevistas você quer contar sobre um projeto bacana, mas as perguntas ficam só no assunto namoro. Às vezes é complicado. Com o tempo percebi que comunicar logo o status da relação é mais fácil do que ficar tentando esconder. Quando você começa a negar, aí sim os paparazzi aparecem na porta da sua casa, do seu trabalho, da academia... E sempre sai aquela foto do seu pior dia, com o pior cabelo, usando a pior roupa! Lei de Murphy, né?

Uma coisa totalmente diferente para mim é encontrar os fãs. Por mais que na maioria das vezes seja na correria, sempre acho gostoso o contato e o carinho. Não me incomodo nem um pouco em tirar fotos, ouvir uma história ou dar autógrafos. Tenho consciência do papel importante que os fãs têm na vida de um artista e sou muito grata a eles. Guardo tudo o que ganho com o maior amor.

 Já aconteceu mais de uma vez do meu número de celular vazar na internet. Não sei como isso acontece, não sei se é de algum cadastro ou de alguma loja. Mas quando chega uma mensagem dizendo algo como "Oi, Sophia, desculpa te mandar essa mensagem, mas é que sou muito seu fã" em menos de dez minutos aparecem mais trezentas iguais, é muito louco! O número se espalha rápido na internet, em questão de minutos sou adicionada em vários grupos diferentes, e acabo deixando de responder meus pais ou mensagens importantes de trabalho, porque vira uma loucura. Recebo ligações o dia todo, inclusive de madrugada, e por mais que eu tente bloquear os números é tanta gente que eu precisaria passar dias fazendo isso. Então o jeito sempre foi trocar de número. Já fiz isso quatro vezes, e vai saber quantas vezes mais serão necessárias. Tomara que nenhuma, porque dá um trabalho imenso!

 Também já aconteceu de descobrirem meu endereço. Eu chegava na portaria e tinham umas trinta pessoas me esperando. Não conseguia ir à farmácia sem antes parar e atender todo mundo. Sempre

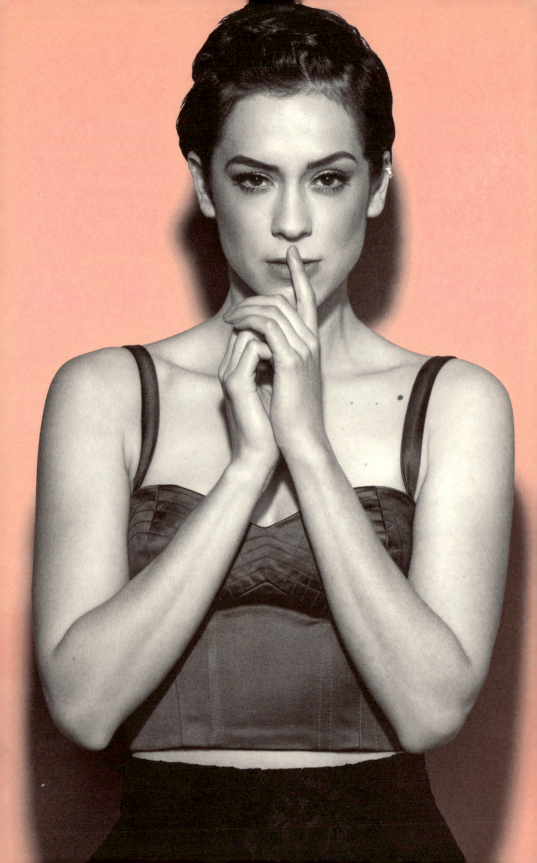

atendo os fãs, mas fiquei com medo de que isso pudesse atrapalhar outros moradores do prédio, então, pela minha conta do Twitter, expliquei a situação e pedi que não ficassem mais na porta de casa. Disse que ali era o único lugar em que eu podia ter privacidade, encontrar minha família e descansar, e funcionou. Por isso sempre procuro ter um diálogo bem aberto com meus fãs. Eles me entendem e me respeitam.

Uma vez uma amiga do Rio, a Mariana Molina, veio me visitar. Tinha umas vinte pessoas na porta do meu prédio naquele dia, e quando ela falou que era minha amiga e pediu para o porteiro me interfonar, ele respondeu: "Ah, tá. Você e todo mundo aqui é amigo da Sophia!". Ela teve que me ligar, então eu desci lá para liberar a entrada dela. Dei muita risada nesse dia.

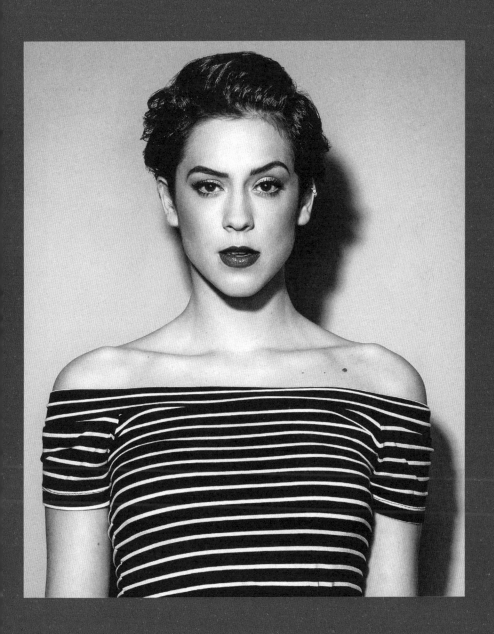

#LOOKDODIA

Comecei a fotografar looks para o Instagram do nada. Na época poucas meninas faziam isso por aqui, era uma coisa que eu via mais em perfis gringos. Tudo começou quando tive uma discussão com minha mãe, dá pra acreditar? Eu fazia *Rebelde* na época, estava de saída para um show e minha mãe não gostou de alguma coisa na minha roupa. Tipo, ela me criticou, eu me ofendi e aquilo virou uma discussão boba, que não saiu da minha cabeça. Uns dias depois fui gravar *Rebelde* com minha melhor roupa, e pedi para a Viviane Gonzo, que era maquiadora da novela e hoje é uma grande amiga, tirar uma foto minha, só para mostrar para minha mãe como eu sabia me vestir. Sim, foi uma coisa totalmente infantil, eu sei.

Postei minha foto "vingancinha" só pensando na minha mãe, mas meus seguidores gostaram muito. Me dei conta de que eles queriam ver um pouco mais da minha intimidade e aquilo acabou virando um hábito. Todo dia eu me trocava para trabalhar e fazia uma foto. A Vivi acabou virando minha "fotógrafa oficial": ela me maquiava, fazia meu cabelo, tirava a foto quase sempre no mesmo fundo dentro do estúdio e voltava pra terminar o resto do elenco. No começo todo mundo tirava sarro, achando meio besta eu mostrar minha roupa todos os dias no Instagram, mas depois deu muito certo. Ganhei uma porção de seguidores, meus likes dobraram e os comentários eram sempre "Mostra mais looks" ou algo do tipo.

Até que isso passou a incomodar demais as pessoas ao meu redor. Nessa época, ouvi uma frase genial do Gandhi que é mais ou menos assim: "Primeiro eles te ignoram, depois riem de você, então brigam, e aí você vence". Foi exatamente isso que aconteceu. No princípio, ninguém dava muita bola. Quando viram que eu insistia naquilo, passaram a rir de mim, porque fazia aquela pose de blogueira na parede no meio do corredor da emissora. Um monte de gente que passava me olhava sem entender nada. Cheguei a descobrir grupos de troca de mensagens só pra me zoar. Algumas pessoas ficavam na mesma parede fazendo poses bizarras e perguntando: "Quem sou eu?". Cogitei desistir, pensando que talvez estivesse fazendo um papel ridículo mesmo.

Mas a verdade era que eu estava curtindo, e meus fãs também. Ainda bem que continuei, porque foi aí que os looks passaram a virar trabalho. As marcas me procuravam para eu divulgar peças e fiz contatos importantes. Aí algumas pessoas ficaram com raiva de mim, então começaram a reclamar que a Vivi saía da sala para me fotografar, mesmo que por trinta segundos. Até que um dia proibiram isso. Reclamavam para os diretores da emissora que eu estava atrapalhando o andamento da gravação! Tudo isso por causa de um look do dia, que hoje todo mundo faz, inclusive as pessoas que me sacanearam e xingaram.

Acho muito engraçado lembrar como tudo começou. Eu falava para as pessoas: "Olha que daqui a pouco lanço uma coleção de roupas, hein?".

E acabei lançando mesmo! Ainda bem que não desisti, porque a moda acabou se tornando um braço da minha profissão, e já falei mais de uma vez que, se não fosse atriz ou cantora, provavelmente trabalharia só com isso. Não como estilista, porque não sei desenhar, mas com produção de moda. Acabei fazendo um blog e me apaixonando por esse universo, adoro achar novos perfis de Instagram como referência, descobrir marcas e pesquisar tendências.

REDES SOCIAIS

Adoro todas as redes sociais que aparecem e me ajudam a trocar mensagens com os fãs. Sei que tenho muitos que não são de São Paulo ou do Rio e, por isso, nunca tiveram oportunidade de me conhecer, e que é através da rede que têm contato comigo. Tento interagir bastante no Twitter, leio quase todos os comentários do Instagram e, sempre que posso, dou um alô pelo Snapchat para tentar mostrar um pouco da minha rotina. Acho muito importante esse espaço. É na rede social que você tem um termômetro do que acham do seu trabalho e do que que querem ver.

Foi por causa dos fãs que resolvi fazer um canal no YouTube. Além de muito conteúdo musical, como os clipes, lá rola uma grande interação com as pessoas através dos vídeos no estilo "Sophia responde". É um processo bem diferente alimentar meu próprio canal, já que tenho que criar os conteúdos, mas é demais ver a interação e poder responder a alguma dúvida ou curiosidade deles. As perguntas são as mais variadas: querem saber desde as séries que estou vendo até uma mania minha que ninguém sabe. Às vezes perguntam coisas que nem eu sei responder!

No geral, aprendi a lidar bem com as críticas. Tenho fãs extremamente ativos nas redes sociais que me defendem com unhas e dentes quando preciso, mas dificilmente entra alguém mais grosseiro, os famosos haters. Aliás, não consigo entender por que alguém segue outra pessoa só pra criticar. Se não gosta, para de seguir, né? Tive poucos casos em que precisei bloquear uma pessoa, mas acontece – no meio de tanta gente maravilhosa sempre aparece um chato.

Minha maior preocupação é usar esse espaço para o bem, tentar dizer algo positivo para as pessoas. É muito louco pensar a quantidade de gente que vai ler ou assistir algo que eu posto em uma rede social, e se eu tenho esse alcance por que não tentar passar a melhor mensagem possível? A gente tem que ter noção exata da influência que exerce sobre as pessoas, algumas bem jovens. É preciso ter responsabilidade.

MANIA DE ASTROS

Amo astrologia, vivo perguntando o signo dos outros – e se a pessoa sabe o ascendente melhor ainda! Quando conheço alguém do mesmo signo que eu, fico feliz e rola até uma minicomemoração. Tem gente que não liga para nada disso. Se é o seu caso, você está liberado para pular este capítulo (mas só este, ouviu bem?).

Comecei a me interessar por astrologia como todo mundo: comprando um livrinho sobre meu signo e aquelas revistas com previsões lançadas no início do ano. Eu e minhas amigas ficávamos cada uma lendo sobre seu signo e planejando mil coisas, dependendo do que se dizia sobre cada mês. Mais velha, fazia uma especialização no signo do namorado. Aquela coisa de pesquisar para ver se combina, sabe? Era muito divertido, e sempre tinha uma amiga que arrumava um namoradinho do meu signo e me perguntava no Dia dos Namorados: "O que você gostaria de ganhar?". Como se eu pensasse igual ao menino só por isso!

Já aconteceu de eu pegar bode de algum signo por causa de uma pessoa chata, mas quando comecei a me aprofundar mais e entender que tinha o tal do ascendente, e a Lua, e Vênus, pirei e vi que só o signo solar é pouco para definir uma pessoa. Foi então que fiz meu mapa astral e tudo bateu: foi impressionante! Descobri que tinha ascendente em capricórnio e pesquisei tudo sobre esse signo. Notei como, somado ao meu signo solar, ele me descrevia muito bem. Aos poucos fui pesquisando mais o significado de cada planeta no mapa e percebi que estudar astrologia é se conhecer melhor.

Morro de medo do tal Retorno de Saturno, dizem que acontece perto dos 28 anos e que sua vida pode virar de cabeça para baixo! Será que a minha pode ficar mais doida ainda? Um dia desses descobri que acabei de passar (ou estou no meio, não sei ao certo) o Retorno de Júpiter, que dizem que traz muitas coisas boas. Acho que no meu caso foi este livro!

Amo todas as piadas de internet com signos, as musiquinhas, o pé na bunda e a comida de cada um. O povo é muito criativo! Sou geminiana e sempre colocam a gente como duas caras, mas, apesar de achar engraçado, me defendo. É só que mudamos de opinião várias vezes. Ou não. Acho que é isso. Ah, não sei mais... Tá vendo? (Brincadeira, gente!)

Mais do que me identificar com as coisas que leio sobre meu signo, meu ascendente e minha Lua, gosto especialmente de saber histórias de outras civilizações. É muito doido pensar que povos muito antigos usavam a astrologia para várias coisas, guiando-se pela Lua ou pelas estrelas para plantar, colher, navegar, e que hoje não usamos mais essas técnicas. Já li também que, em reinos bem antigos, assim que o herdeiro do trono nascia, faziam o mapa astral dele para saber o tipo de rei que seria. Não é muito doido? Leio demais sobre esse tipo de assunto e fico viajando no tempo. Outra coisa que

estudar

ASTRO-LOGIA

é se conhecer

MELHOR

acho linda são os mitos por trás dos planetas. É um mais interessante que o outro.

    Sinto cada vez mais vontade de me aprofundar no assunto e, reparando no papo das amigas, nas coleções de moda e nos memes de internet, dá para dizer que a astrologia está na moda mesmo. E acho ótimo que uma coisa tão interessante e divertida esteja em voga!

CARTA PARA OS FÃS

E não é que eu gostei dessa coisa de relembrar minhas histórias? Durante o processo me emocionei muitas vezes, percebi coisas que na correria da vida a gente deixa passar batido e tracei novas metas para o futuro. Foi quase que uma sessão intensiva de análise. Me senti deitada num divã, contando para todos vocês muito do que já passei, meus medos e sonhos, minhas dificuldades e conquistas. Isso me fez tão bem! Vamos marcar uma próxima consulta dessas em breve? Só não quero esperar mais 25 anos pra isso, tá?

Aliás, eu não poderia deixar de reservar um capítulo inteiro para vocês, meus tirulipos do coração. Sei que já falei essas coisas mais de mil vezes em redes sociais ou em entrevistas, mas queria deixar registrado aqui. Um livro pode ser guardado por uma vida inteira e tem, assim, uma importância muito maior – e vocês sabem como são importantes pra mim!

A gratidão que tenho por vocês é enorme! Estão sempre ao meu lado, me apoiando, me incentivando a ser uma pessoa melhor, me ensinando o verdadeiro significado de amor. Nunca terei palavras suficientes para expressar o quanto vocês me fazem feliz, o quanto me ajudam a seguir em frente num meio tão complicado e competitivo, onde as críticas são muito duras, o ritmo é intenso e o futuro, incerto. Ter o apoio de vocês faz toda a diferença do mundo. Sempre faço questão de ler todas as mensagens que postam nas minhas redes sociais e as cartinhas que me dão nos shows, porque através delas recebo a energia positiva de cada um, e isso me faz um bem danado.

Por mais que nossa história juntos já seja longa, sei que está apenas começando. Um beijo enorme a todos os que torcem por mim, aos fã-clubes, a todos que tive o prazer de conhecer e aos que ainda não conheço pessoalmente, mas com certeza cruzarão meu caminho nessa vida.

Amo vocês e obrigada por tudo!
Muitos beijos,
Sophia

AGRADECIMENTOS

Sergio Malheiros, Fernando Sampaio, Renato Abrahão, Geraldo Abrahão, Nilce Abrahão, Mari Prado, Nathalia Travaglia, Marco Antônio de Biaggi, Deia Dios, Adriano Oliveira, Branca Abrahão, Mariana Molina, Ivan Zettel, Mariana Baffa, Margareth Boury, Yvani Sampaio, Abraão Leite Sampaio, Marcia Mendes, Regina Machado, Magali Mussi, Livia Ferraz, Tamlyn Matushita, Ana Paula Motta, Isabella Caldas de Lucca, Raissa Romero, Tia Cleo, Rafa Nsar, Dennya Carvalho, André Schiliró, Gabriel Wickbold, Sueli Celeste, Paulo Paredes, Rique Azevedo, Leo Gama, Elika Camila, Luciana Amaral, Andreia Marcondes, Tio Herculano, Tia Gugu, Dudu Farias, Vivi Gonzo, Mica Rocha, Clarissa Rittes e a toda minha família e meus amigos.